SEIFENBLASEN

Karina Himmelblau

Seifenblasen

Aus schwarz-bunten Versen,
Geschichten und
Gedankensplittern

Bibliografische Information der Deutschen Nationalbibliothek:
Die Deutsche Nationalbibliothek verzeichnet diese Publikation in der Deutschen Nationalbibliografie; detaillierte bibliografische Daten sind im Internet über http://dnb.dnb.de abrufbar.

Herstellung und Verlag: BoD – Books on Demand, Norderstedt

ISBN: 978-3-7526-6709-7

Für meine Familie, meine Freunde und für alle, die gerne meine Bücher lesen.

Die Einsicht, alles was wir haben auf der Erde miteinander zu teilen, ergäbe die Lösung vieler mitmenschlicher Probleme.

EIN WEIHNACHTSWUNDER zu Corona Zeiten

Ein altes Mütterlein

saß ganz allein

an Weihnachten zu Hause

in einer alten Klause.

Corona hat sie isoliert

das hat sie leider schon kapiert.

Doch plötzlich klingelts an der Tür

und wer lugt dort pfiffig herfür

mit einem Topf? Frau Nachbarin

da war etwas zu essen drin

Oh wie wunderbar und fein

freut sich das alte Mütterlein

und denkt es gibt noch Liebe in der Welt

auch wenn Covid das nicht gefällt.

KATZENJAMMER

Katzen und Kater jammern oft

nach Stunden, Sekunden unverhofft,

nach Übermut

der tut nicht gut.

Ob zu tief ins Glas geschaut,

ein Süppchen zu viel gebraut.

Leckerei zum Überdruss

ein folgenschwerer Kuss.

Bis in die Puppen lesen,

kehren ohne Besen.

Mit Maßen nur

bleibst in der Spur.

SINGLSONNTAG

Sonntage sind nicht fein

da fühl ich mich allein.

Alles ist so unalltäglich

und unermäßlich schwer erträglich.

Sonntags muss Frau stille sein

und sich kleiden sauber fein.

Darf nicht Rasen mähen, singen

kann nur noch die Hände ringen.

Auf den Straßen sieht man gehen,

Familien zusammenstehen.

Da bleib ich dann zu Haus

und gehe in der Woche aus.

NEWSLETTER

Newsletter sind nicht immer toll

sie füllen schnell das Postfach voll.

Will man sie dann bestellen ab

bringt das die Wut ganz schnell auf Trab.

Denn dieses geht dann ziemlich schwer

sie kommen immer wieder her.

Drum sei vor ihnen auf der Hut

und überlege vorher gut

ob du auch einen haben willst

bevor du ihn dann wieder killst.

FEIERTAG

Du schleichst aus deinem Bett

und denkst ist doch ganz nett

musst nicht zur Arbeit raus.

Die Uhr zeigt halbe acht.

Du weißt das war ne Nacht

Mit wenig Schlaf, oh Graus.

Trinkst einen Schluck und spürst
dabei

wie gut heut habe ich ja frei

hängst nicht an Arbeitskette.

Vor Freude springt dein Herz

erträgt des Kopfes Schmerz

und schleichst zurück ins Bette.

ICH SITZE AUF EINER WOLKE

Ich sitz auf einer Wolke

und treibe so dahin

lass meine Füße baumeln

da kommt mir in den Sinn

was will ich denn hier oben

wie komme ich hierher?

Ist meine Welt verschoben

Ich wollte doch ans Meer.

Na klar ich bin ein Engel

und was das Schöne ist

vorbei kommt noch ne Wolke

auf der mein Liebster sitzt.

Schön ist die Welt von oben

hier gibt es keinen Groll.

Erübrigt sich die Frage

was ich noch unten soll.

Ja, Wolken sind was Schönes,

so blau so rund und weich.

Ich kann von ihnen träumen,

dann fühle ich mich reich.

DOPING

Sind wir nicht alle ein bisschen
gedopt,

was schön und stark macht sei gelobt.

Ohne Kaffee bist du schlapp,

Tee mit Rum bringt dich auf Trab.

Erst rauchst du eine Zigarette

dann wird es eine lange Kette.

Trink Alkohol und du entspannst,

stopf Wurst und Fleisch in deinen
Wanst.

Schnupf Kokain und andre Düfte,

heb ab in unbekannte Lüfte.

Versuchst du mal du selbst zu sein

hälst dich von allen Lastern rein

dann kräht kein müder Hahn nach dir

und du trinkst frustig wieder Bier.

EIN BLATT PAPIER

Es liegt vor mir ein Blatt Papier.

Ich weiß nicht was ich schreiben soll.

Mein Kopf ist leer und ganz schön
schwer,

Gedanken schwarz und sorgenvoll.

So falte ich aus dem Blatt ein Boot

und lass es segeln im Abendrot.

MEIN BAUCH

Mein Bauch

ist auch

ganz wunderbar,

so weich und sanft

in meiner Mitte

ich liebe ihn.

Schlag ihn mir voll.

Und habe ich die

Qual der Wahl

frag ich ihn auch,

nicht nur den Kopf.

Er ist mein liebster Freund

der Bauch mit seinem Knopf.

DAS SAMS

Das Sams sitzt traurig im Garten

es mag seine Punkte nicht mehr,

will auf den Weglöscher warten

doch das fällt ihm heute so schwer.

Endlich zwei Stunden später

kommt Zauberer Momo daher.

Viel und oft waschen rät er

dann sieht man die Punkte nicht mehr.

Wasser ich nicht leiden kann

schreit Sams und schüttelt den Kopf.

Plötzlich fängt es zu regnen an

da wird er doch nass der Tropf.

Auf einmal kommt Freund Sonne und lacht

deine Punkte gefallen mir gut.

Das Sams freut sich sehr und dacht

wie wunderbar eine Freundschaft tut.

DAS STACHELSCHWEIN

Erna war nicht gern allein

drum kauft sie sich ein
Stachelschwein.

Was sie dabei nicht hat bedacht

dass dieses schlimme Stacheln hat

und kommt es ihr dann mal zu nah

schreit Erna laut aua aua.

Sie stellt das Schwein ins E-bay rein

Und bleibt dann weiterhin allein.

NACHTZWERGE

Es ist ein Flüstern in der Nacht,

hab acht

Da kommen die Zwerge

und räumen die Berge

Schmutzgeschirr und anderen Dreck

einfach für dich weg.

UNSICHTBAR

Manchmal schäme ich mich so

dann wäre ich ganz froh

unsichtbar zu sein.

Oder klitzeklein.

Unsichtbar

und doch ganz nah

vor einem Löwen stehen

und ihm in die Augen sehen.

Unsichtbar

und doch ganz nah

zu treten in ein Näpfchen Fett,

das fände ich auch mal ganz nett.

Zur Tarnung fehlt die Kappe mir

Drum bin ich ganz real im hier.

Muss mich zeigen

im Lebensreigen.

ZUKUNFT

Zukunft liegt in weiter Ferne

denke heute nicht daran.

Leb im Hier und Jetzt ganz gerne

frag nicht nach dem Wann.

Mache mir heute keine Sorgen

lass mich überraschen gern.

Denk nicht an das Morgen

Zukunft liegt so fern.

GUTSCHEIN

Was Feines ist ein Gutschein

ich habe einen.

Und zwar für ein lebend Schwein,

soll ich jetzt weinen?

Nein die Freude ist sehr groß

denn dieses arme Schwein

ich lasse es in Freiheit los

soll nicht mein Braten sein.

LUFTBALLONS

Luftballons ich liebe

stehlen schlechte Laune.

Denn sie sind wie Diebe

bunte und auch braune.

Luftballons ich liebe

haben keine Ecken.

Sind wie zarte Triebe

darf sie nicht erschrecken.

Luftballons ich liebe

lassen sich nicht halten.

Wenn mal einer bliebe

würd ich ihn schnell falten.

MEIN PETTICOAT

Ich hatte mal einen Petticoat

der musste gar schön stehen.

Wurd immer hart gestärkt von mir,

das konnte jeder sehen.

Ich trug ihn oft als junge Frau,

und wenn er nicht mehr stand,

da hatte ich noch Röcke an,

kam ein Reifen in den Rand.

So das wars vom Petticoat

Und denk ich daran heut,

dann freu ich mich ganz königlich

das könnt ihr glauben Leut.

WEIHNACHTEN

überall Hektik, Erwartung und
Unruhe
Gerenne und Laufen hin und her
doch plötzlich am Abend kommt ohne
Schuhe
das Christkind mit Geschenken
schwer
dann fröhlich alle zusammensitzen
Ruhe und Stille tritt endlich ein
es leuchtet nach draußen durch
Fenster und Ritzen
könnt es doch immer so friedlich
sein.

BÜCHER

Ich hatte mal ein Buch

das war mir nicht genuch.

Drum kaufte ich noch zwei

so waren es dann drei.

Ich hatte sie schnell ausgelesen,

sie waren mir wie liebe Wesen

aus einer anderen Welt

in die ich gerne mich gesellt.

Hunderte Bücher begleiten mein
Leben

Oft war ich versucht eines
wegzugeben.

Nach manchem Umzug gelang es mir

So hatte ich ab und zu nur vier.

Doch jetzt ist wieder alles beim alten

Und die die da sind werd ich
behalten.

Bis an mein Lebensende

zieren Bücher meine Wände.

HAIKUS UND ELFCHEN

Hexen sanft, leise

tanzen fröhlich im Walde

kichern vor sich hin

Menschen schauen gern

in die Fern und sogar nah

einige sind blind

Fröschlein hüpft fröhlich

im Teich herum, quakt dabei

singt dumdideldum

Morgens noch Kühle

Mittags Schwüle überall

Hitze steht stille

Worte

lieblich sanft

entfliehen dem Munde

breiten sich langsam aus

wirken

VOLLMONDNACHT

Vollmond deckt dich heute zu

Und ich finde keine Ruh

Wach morgens auf

Bin nicht gut drauf

Das Licht so hell in dunkler Nacht

Hat mich um den Schlaf gebracht

Sei friedlich Herz

Und gib den Schmerz

Ab an den Tag.

DU TUST MIR GUT

Du tust mir gut

seit ich dich traf

schöner Mann

tanz ich beschwingt

durchs All

eins mit dir

eins mit allem.

KRÖTE UND SCHLANGE

Die Kröte sitzt auf einem Stein

Trinkt schlürfend ihren Abendwein.

Da kommt hinzu die Schlange,

der Kröte wird es bange.

Komm und setz dich hin zu mir

spricht leise schmeichelnd sie zu ihr.

Die Schlange ihre Zunge spitzt

Und schon sie auf dem Steine sitzt.

Nun schlürfen beide Abendwein

und freuen sich zu zweit zu sein.

Da packt die Schlange an im NU

die Kröte macht die Augen zu.

Und die Moral von der Geschicht

traue einer Schlange nicht.

LIBELLENTANZ

Ein Schwirren, Gleißen

Über dunklen Wassern,

grünschimmernde tänzelnde Wesen,

langsame schmale Körper getragen

von duchsichtigen, verletztbaren
Flügeln.

So zart so zerbrechlich, elfengleich,

reglos, leise atmend.

Segelt davon mit dem Wind.

VOGELFREI

Ein Vogel landet auf meinem Balkon

wo bleibt mein Futter heute,

krächzt er ganz laut in schrillem Ton

ihr fresst doch auch ihr Leute.

Flieg Vöglein fliege wieder weg

der Winter ist vorbei.

Und mach hier nicht mehr soviel
Dreck

sonst bist du vogelfrei

Im nächsten Jahr komm wieder

du bunter Vogel du

und sing mir schöne Lieder

hör dir so gerne zu

WIND

Wer säuselt mir manch Lied ins Ohr

Wer stellt mit Regen sich auch vor

Der Wind

Wer braust und stürmt ums Haus

Wer lockt die Menschen nicht heraus

Der Wind

Wer fegt die Blätter von den Bäumen

Wer hüllt mich ein mit wilden
Träumen

Der Wind

Wer rüttelt an mein Fensterlein

Wer fegt hinweg den Sonnenschein

Der Wind

Wer wird so manches mal zum Sturm

Wer zerrt die Fahne auf dem Turm

Der Wind

Der Wind macht was er will

Oft ist er auch ganz still.

SONNENBLUME

Meine Sonnenblume hat es geschafft

ist voller grün und triefendem Saft

Einst war sie ein Korn in meiner Hand

brachte es mit aus fernem Land

Zierliche Blätter überall sprießen

muss sie nur immer wieder gießen.

Bald streckt sie den gelben Kopf in
die Luft

verbreitet sanft ihren Blütenduft.

OH ARME ALTE ERDENSEELE

Du ächzt und stöhnst

Schmerzhaft verzerrt dein Gesicht

Mühsam versuchst du dich

Traurig hin und her schwankend

Aus dem Sumpf deiner Zerstörung

Aufzurichten, dich zu halten,

nicht unterzugehen.

Oh Erdenseele, du trägst schwer

Die Last aller Wesen.

DAS LEBEN EIN FLUSS

Sprudelnd am Anfang eine unruhige Quelle.....

Neugierig....wach...unbedarft....

Da.....eine
Sperre....Steine....Umleitung....

Andere Richtung...weiter zwischen

Steinen, Sand, Salz und Bittermandel.

Ausbrechen...umkehren....ein neuer Weg...da....ein
See...ausbreiten...loslassen....Friede nur kurz...ein
Wasserfall...fallen...fallen...fallen...ein Halt..ein friedlicher
Bach...loslassen...treiben...sprudeln...gl

uckern...plötzlich wieder
Steine...quälen durch kleine
Freiräume...stop...so nicht...lass
los...und lass geschehen....

Endlich Ozean...dort wo alles...eins
...Ruhe...Frieden...Wohlgefühl...

ICH BIN...einfach da...

WANDLUNG

Schwarze Schmetterlinge fliegen

am liebsten weit

in die Ferne

zu den Regenbögen

um von ihnen

ein paar Farbtupfer abzubekommen.

HOFFNUNG

Hoffnung mein Motor des Lebens

ohne dich kann ich nicht sein.

Begleitest mich auf allen Wegen,

bist in mir Tag und Nacht.

Ich lass dich nicht los

geb dich nicht auf.

Hoffnung ich spür dich in mir,

bist das Salz meiner Lebenssuppe,

erfüllst mich mit Sehnen und Suchen.

Beflügelst meine Seele

in froher Erwartung.

Komm mach einen Traum wahr.

MASKE

Heute trag ich eine Maske,

habe keine Lust auf Gefühl.

So spricht mich keiner an

hier in dem Partygewühl.

Ich spiele auf unnahbar,

dabei stehen Tränen an.

Verzieh die Lippen zum Lächeln,

lass niemanden an mich ran.

Ach wenn doch einer durchschaute

die Maske und risse sie fort,

dann fühlte ich mich viel wohler

hier an dem feindlichen Ort.

SCHUTZENGEL

Er ist da

Jederzeit

umkreist deinen Leib

geht mit dir

wohin du willst

und sei es

der Tod

in letzter Sekunde

packt er dich

ganz sanft

leitet dich

in eine Richtung

die dir gefällt

oder auch nicht

du weißt es erst

wenn überhaupt

sofort oder später

er ist da

jederzeit.

FREUNDE

Freunde sind wichtig um miteinander
zu lachen

zum fliegen lassen Sorgen und
Drachen.

Im Wind und Sturm miteinander zu
stehen

ab und zu Seite an Seite zu gehen.

Gedanken zu teilen, Kummer und
Schmerz.

Trösten und halten dein gebrochenes
Herz.

Lassen die anderen dich im Regen
stehen

Ein Freund wird niemals von dir
gehen.

Und bist du auch mal nicht gut drauf

Es drücken dich Sorgen und Zweifel
zu

Hauf

Ein Freund hält deine Hand und ist
da.

Bist in Gedanken du ihm auch nicht
nah,

magst schweigen und grummeln so vor
dich hin

als hätte das Leben so gar keinen
Sinn,

ein Freund mag dich trotzdem um so mehr,

fällt zu glauben dir das manchmal auch schwer.

Hast gute oder schlechte Laune du

Ein Freund hört dir immer gerne zu.

Er nimmt dich an so wie du bist,

baust manchmal du auch großen Mist.

Darfst Verborgenes und Innerstes zeigen

Ein Freund kann auch gut dazu schweigen.

Er vertraut dir in jeder Lage

bis ans Ende deiner Tage

LEBENDIGE NACHT

Es ist halb vier in der Nacht

ich sitze an meinem PC

nur der Mond draussen erwacht

und alle Knochen tun mir weh.

Ganz alleine wache ich nicht

hell zu mir her schaut manches
Fenster

sieht aus wie ein eckiges Gesicht

es sind die Nachtgespenster.

Dahinter Schicksale sitzen und schweigen

machen die Nacht zum Tage

Gedanken und Worte tanzen den Reigen

der Brust entweichen Seufzer der Klage.

Die Nacht ist ein besonderes Wesen

gespenstisch und unwirklich eigen

irr hört es sich an wenn sie mal lacht

ihr Wesen aber ist Schweigen.

MUTTER

Nun bist du gegangen

einfach so

wollte noch so vieles fragen

dir sagen

ich hab dich lieb

du hast die Augen zugemacht

einfach so

mein Herz tut weh

unerträglich der Schmerz

erstickt mich

dann wieder Tage der Ruhe

ein friedliches Denken an dich

lasse vergangene Zeiten

vorüberziehen

weiß es geht dir gut

wir werden uns wiedersehen

irgendwann

das ist gewiss.

TRAUER

Riecht wie Herbstlaub

hört sich an wie stummes Schluchzen

fühlt sich an wie ein Fels auf der Brust

schmeckt wie modriges Wasser

ist wie dunkle Nacht

fühlt sich an wie ertrinken

Trauer.

LINDENDUFT

Lindenduft mich umhüllt

von Ferne ein Lachen.

In der Brust das Herze schwillt

Sommererwachen

Gebe hin mich dem Rausch

der Sinne betört,

dem Vogelsang lausch

der Freude beschwört.

BLÜTENTEPPICH

Drei weiße Blütenblätter

Schaukeln leise zur Erde hinab

ganz sanft trägt sie der Wind

hinunter ins ewige Grab

Dort bilden sie für ein Weilchen

einen Teppich wunderbar weich

sie fühlen sich bis zum Tode

begehrlich, duftend und reich

FRÜHLINGSIMPRESSIONEN

Frühling bricht hervor

Bäume noch grau

Krokusse blau.

Ein Ahnen von Blumen die blühn

Gelb, weiß und grün,

laue Lüfte wehen.

Kinder, Männer, Frauen gehen

Schnuppernd die Natur.

Lachende Münder im Cafe

sitzen, trinken Limo und Tee.

Komm Frühling

lass wehen und deine

wachsenden Kräfte sehen.

FRÜHLINGSDUFT

Sich einfach fallenlassen

hingeben

in Duftwolken

aus Natur

nur atmen

genießen

ganz und gar berauscht.

SOMMERFLIRREN

Still steht die Luft

brütende Hitze auf den Straßen

der Sommer ruft

die Menschen hinaus in Massen

aus ihrem Schatten-Haus

ins grün und in die Sonne

zum Schwimmen und gegrilltem Schmaus

luftig bekleidet mit Wonne.

HERBSTSTURM

Herbststurm holt die letzten Blätter

von den Bäumen

sie dürfen in diesem Jahr

nicht länger träumen

Ihr schönstes Kleid das rote,

es schützt sie nicht

der Wind kennt kein Erbarmen

der ihren Willen bricht.

HERBSTMELANCHOLIE

Abschiednehmen

Melancholie

aufsteigende Nebel

fallende Regentropfen

nasse Füße

frieren ohne Ende

vielfältige Farbenpracht

überall Wandel

nichts bleibt wie es ist

Abschiednehmen.

LETZTER TANZ

Kommt tanzt mit mir

ruft der Sturm den Blättern zu

was zögert ihr

ich lass euch keine Ruh

euren Stolz gebt auf

lasst euch fliegen

hinunter, im Kreis und wieder hinauf

ich wird euch alle kriegen.

WINTERIMPRESSIONEN

Es ist noch Winter und doch ahne ich

einen Hauch von Frühling in der Luft

es ist ein ganz besonderer Duft

den meine Nase spürt.

Ein Glücksgefühl, Beginn von etwas
Neuem

Urplötzlich mich erfasst.

Die Schwere von des Winters Last

fällt ab von mir, ganz kurz.

DEINE LIPPEN

Deine Lippen

so weich so rot

lachen mich an

laden mich ein

verlockend zum Küssen

LOSLASSEN

Es soll dir gutgehen

mit mir

ohne mich.

Ich lass dich los.

Es soll mir gutgehen

mit dir

ohne dich.

tanzen und spielen lassen

mit den meinen

sie vereinen.

EIN KUSS VON DIR

Ein Kuss von dir ist wunderschön

Glück ist in deine Augen zu sehn.

Deine Lippen schmecken nach

Sonnenuntergang und Meer

und manchmal noch nach mehr.

Dich zu sehen ist Freude, Lebenslust
und

Energie,

dich umarmen wunderbar wie nie.

ich hab dich lieb mein Stern

Und bist du noch so fern.

ENDE EINER LIEBE

qualvoll
das Weinen des Herzens
qualvoll
die Stunden ohne dich
qualvoll
jeder Atemzug
qualvoll
bleibt die Zeit stehen
qualvoll
beginnt der Tag
qualvoll
die lange Nacht
Warum tut Liebe so weh?

LOSLASSEN

Es soll dir gutgehen

mit mir

ohne mich.

Ich lass dich los.

Es soll mir gutgehen

mit dir

ohne dich.

EIN KUSS VON DIR

Ein Kuss von dir ist wunderschön

Glück ist in deine Augen zu sehn.

Deine Lippen schmecken nach

Sonnenuntergang und Meer

und manchmal noch nach mehr.

Dich zu sehen ist Freude, Lebenslust und

Energie,

dich umarmen wunderbar wie nie.

ich hab dich lieb mein Stern

Und bist du noch so fern.

SOMMERNACHTSERWACHEN

Es war in einer Sommernacht

Als dein Herz meines erkannt.

Wellen deiner Zuneigung mich
umhüllten,

mein Kopf in deinem Schoß.

Liebevolles Streicheln deiner sanften

Hände erkunden mein Gesicht.

Seliges Lächeln, erschauerndes
Loslassen,

verliebte Worte geflüstert von
zärtlichen

Stimmen.

Ich fühle mich geborgen,
angenommen.

wenn doch diese Sommernacht nie zu
Ende ginge

GEDANKEN NUR

In meinen Gedanken

trage ich dich

wohin ich auch gehe

darf dich nicht sehen

aber Gedanken an dich

sind erlaubt.

SPUREN

Nun bist du gegangen

Dein Duft nach Lust und Liebe

Schwängert sanft die Luft.

Deine Küsse tanzend auf meiner Haut

erinnern deine Lippen,

bis in den nächsten Tag

möchte ich deine Spuren spüren.

VERBOTENE LIEBE

Es weint der Seele tiefer Grund

Traurigkeit erfüllt mein Herz

ein Seufzer drängt aus meinem Mund

angefüllt mit Liebesschmerz.

Du bist so nah und doch so weit

oh du Geliebter mein,

lautlos meine Sehnsucht schreit

wirst   nie der meine sein.

Ab hier beginnen einige Kurzgeschichten, Märchen und ernsthafte Gedanken, ganz und gar nicht überflüssig

WEIHNACHTEN

Überall Hektik und Unruhe

Gerenne und Laufen hin und her

doch plötzlich am Abend kommt ohne

Schuhe

das Christkind mit Geschenken
schwer

dann fröhlich   alle zusammensitzen

Ruhe und Stille tritt endlich ein

es leuchtet nach draußen durch
Fenster und

Ritzen

könnt es doch immer so friedlich
sein.

GEDULDIG WARTEN

Das Fahrrad ist ihr liebstes
Fortbewegungsmittel.
Gestern mitten unter der Fahrt
stimmt etwas nicht mit dem Rad, es
macht komische Geräusche.
Sie steigt ab und schaut auf ihren
hinteren Reifen, das ist der der
immer Luft verliert.
Ne nichts...sie schaut nach
vorne..huch ein richtig platter
Platter.
Jetzt muß sie den Rest der Reise
schieben...mühselig.
Zu Hause überlegt sie wer ihr wohl
den Reifen wechseln kann...sie denkt
nach...da fällt ihr nur
einer ihrer Schwipp-Enkel ein.

Er antwortet erst nach zwei Tagen
dass er kommt....aber wann?
Heute gehts nicht mehr...vielleicht
morgen?

Morgen gehts leider auch nicht dann
übermorgen?
Sie ist verzweifelt nun kommt sie
nirgendwo mehr hin....sie hat
Termine...muß laufen.
Viele Kilometer zu Fuß und das mit 80
Jahren.
Warum ist das nur so schwierig dass
jemand kommt, alle wollen nur
schreiben ,
die moderne Kommunikation.

Na ja sie wartet eben.

MÄUSEJAGD

Es herrscht Mäuseplage im Hause König und so wird gemeinsam beschlossen, dass jeder der eine Maus fängt 5 Euro bekommt. Einfacher wäre es ja die 6-8 Katzen der Familie ins Haus zu lassen, wenigstens für einen Tag. Aber nein, Mutter ist strikt dagegen sie mag keine Tiere in der Wohnung.
Eines Tages geht Tochter Rosi in den Keller um Kartoffeln zu holen. Und siehe da auf der großen, verstaubten Hutschachtel sitzt ein süßes Mäuschen. Schnell nimmt sie den Kartoffeleimer, leert den Inhalt und stülpt ihn in Windeseile über die Maus, gefangen, endlich.
Mit geschwellter Brust verkündet sie

dem Rest der Familie ihren Fang und freut sich auf die Belohnung.

Neugierig rennen alle in den Keller und Rosi nimmt vorsichtig den Eimer hoch.

Nichts, nichts ist drunter zu sehen.

„Ein Loch ist im Eimer,"

schreit gleichzeitig der kleine Robert.

DER BESONDERE FROSCH

In der großen Froschfamilie lebte einer der hieß Vögli. Der wurde von den anderen immer wie ein kleiner Dummerjahn behan- delt.

Er wollte aber etwas besseres sein, besser als alle anderen.

So tat er viele gefährliche Dinge um anzugeben. Er balancierte auf einem Gartenzaun oder kletterte auf einen Baum. Einmal hüpfte er von einer hohen Wetterleiter in die Tiefe genau auf eine Glasscherbe und schwupps war eines seiner Beine abgeschnitten. Verblüfft schaute Vögli auf die leere Stelle und hüpfte traurig nach Hause. Jetzt lachten alle anderen Frösche über ihn und er verkroch sich ganz klein und traurig unter einem Fliegenpilz im Wald.

Eines Abends kam eine Raupe vorbeigekrochen, schaute Vögli lustig an und sagte:

„Du armer Kleiner komm her ich schenke dir eines meiner Beine, ich hab ja so viele. Bald werde ich ein schöner Schmetterling und kann fliegen." Und ruck, zuck biss sie mit ihren klitzekleinen, scharfen Zähnchen eines ab und klebte es mit ihrere ganz besonderen Spucke an die Stelle an der vorher Vöglis Froschbein saß, dann krabbelte sie winkend davon.

Der Frosch Vögli wurde jetzt von den anderen beneidet und jeder wollte sein ganz besonderes Bein anschauen.

Als die Raupe endlich ein wunderschöner gelber Schmetterling war flog sie oft zu Vögli und setzte sich auf seinen Rücken.

Seither ist er der beliebteste Frosch im ganzen Wald.

EIN WINTERMÄRCHEN

In einem winzigen Häuschen am Stadtrand wohnte ein altes Ehepaar.

Es wurde Winter und bitter kalt. Sie liebte es warm, er kalt und immer wenn sie das Ofenholz entzündete, löschte er es heimlich wieder aus.

Langsam bildete sich eine dünne Eisschicht an den Innenwänden der Zimmer. Die alte Frau zog alles an was sie an Kleidungsstücken hatte und fror trotzdem ganz erbärmlich. Der alte Mann trank ab und zu einen Schluck aus seiner Whiskyflasche und erwärmte sich innerlich.

Nach Wochen wurde die Eisschicht in der Wohnung immer dicker und die

Eheleute mussten dicht zusammen rücken.

Das einzig Gute daran war dass sie wieder miteinander sprachen, was sie jahrelang nicht mehr so intensiv getan hatten.

Kurz bevor das kalte Eis die beiden verschlang kramte die Frau in ihrer Rocktasche und fand dort noch eine Schachtel Streichhölzer. Sie zündete eines nach dem anderen an und siehe da,das Eis schmolz ganz langsam und sie konnten sich wieder frei bewegen. Inzwischen wurde es draußen auch wärmer und die Sonnenstrahlen heizten von außen das kleine Häuschen.

Seither redete das Paar wieder viel miteinander und jeder gab ein bisschen nach um dem anderen eine Freude zu machen.

KLEINE TIGERMÜCKE

Im Urwald lebte vor einigen hundert Jahren ein kleines Insekt, die Gewittermücke.

Dieser Name gefiel ihr gar nicht denn überall wo sie auftauchte donnerte und blitzte es und der Regen fiel in Strömen hinab

Flüchtete sie dann durch die offenen Fenster in die Wohnungen und Hütten der Menschen wurde sie dort geschlagen, niemand wollte sie haben.

Am schönsten war es immer wenn es regnete und dabei die Sonne leuchtete . Da erschien am Himmel ein prächtiger Regenbogen in vielen Farben.

Die Gewittermücke flog dann ganz schnell hoch und höher bis auf die oberste Farbe rot. Dort saß sie lange und schaute herunter auf die Erde und die Menschen die sich auch an dem bunten Himmelsbogen erfreuten. Manchmal verschwand der Regenbogen so plötzlich wie er aufgetaucht war, und die kleine Mücke schwebte angefüllt mit Fröhlichkeit zurück in den Urwald.

Eines Tages weinte die Gewittermücke mal wieder so traurig vor sich hin als ein prächtiger Tiger auf sie zukam und sie mit seiner Tatze ganz vorsichtig und sanft berührte.

„Kann ich dir helfen?" fragte er neugierig.

„Oh ja, weißt du überall wo ich hinkomme ist schlechtes Wetter weil ich Gewittermücke heiße."

„Da kann ich etwas für dich tun,"
brummte der Tiger.

„ich gebe dir ein paar meiner
Streifen ab und dann bist du eine
Tigermücke."

„Prima, super !" jubelte die Kleine und
tanzte neugierig auf und ab.

Der Tiger nahm einen seiner
schwarzen Streifen, teilte ihn in
kurze Stücke und fragte den großen
dicken Mammutbaum der interessiert
mit den Ästen wackelte:" schenkst du
mir ein bisschen von deinem Harz?"

„Na klar lieber Tiger nimm soviel du
brauchst."

Der Tiger kratzte mit seiner Tatze
ein wenig vom klebrigen Harz

herunter und befestigte damit die schwarzen Streifen auf dem Rücken der kleinen Gewittermücke.

„Jetzt flieg du Tigermücke und fürchte dich nicht mehr vor den Menschen ,"rief er ihr noch zu und verschwand im Wald.

Seit diesem Tag gibt es eine Tigermücke im Urwald, sie ist die Schönste unter all den anderen Tieren.

FLEDERMÄUSCHEN

Karin schläft tief und fest.
Hat am Abend noch die Fenster weit
geöffnet um die kühle Nachtluft nach
einem Hitzetag hineinzulassen.
Wie jede Nacht weckt sie ihre
Blase. Mühselig richtet sie sich auf
und setzt sich auf den Bettrand.
Was ist dort oben an der Decke in
der Ecke?
Da sieht es so schwarz aus. Etwa die
Feuchtigkeit von oben dem Nachbarn
über ihr ?
Sie steht auf, geht näher ans
Geschehen und hört plötzlich ein
Wispern, ein Ratschen und einen
Haufen Fledermäuslein, die sich eng
aneinanderkuscheln

Ach nein, erschrocken weicht sie zurück !!Die will ich nicht in meinem Zimmer haben.....sie hat Angst.

Würde am liebsten davonlaufen. Was soll sie tun?

Sie rennt zurück in ihr Bett und versteckt sich unter der Decke.

Nein, so würde sie nicht aufstehen, sie wird liegen bleiben.

Nochmals überrennt sie der Schlaf, ein kurzer Traum.

Beim nächsten Erwachen fallen ihre Augen an die Decke und sie sieht nichts.

Hat sie alles nur geträumt?

Wer weiß das..niemand.

EIN EINKAUF

Es ist Samstag und ein Sauwetter mit Regen und Sturm, die Blätter
treibt es nur so von den Bäumen und Berta um die Ohren.
Berta ist ein alte Dame fast 80 und wohnt im 6.Stock ohne Aufzug.
Sie geht einkaufen im Laden um die Ecke.
An der Kasse möchte sie es recht machen und legt dem jungen Mann 20 Euro
und 96 Cent hin.
Der Einkauf kostete 11 Euro und 96 Cent.
Dazu sagte sie mit bestimmter Stimme "ich kriege 10 Euro zurück, geben sie mir einen Schein. "
und die bekam sie vom Kassierer.

Auf dem Heimweg rechnete und rechnete sie mit dem Ergebnis, dass sie dem jungen Mann 1 Euro zu wenig gegeben hatte.

Ein schlechtes Gewissen überfiel sie während sie sich ausmalte wie unglücklich der arme Mann
am Abend der Abrechnung sein musste, es fehlte dann ja ein Euro. Und vielleicht kündigte man ihm, zumindest eine Abmahnung wäre fällig.
Und als das schlechte Gewissen so arg drückte dass Berta es schon nicht mehr
tragen konnte drehte sie im Sturm und Regen um, lief zum Laden zurück und brachte
dem Kassierer den Euro.
Wow…. leicht war die ganze Aktion nicht aber sie hats getan.

Ob der Empfänger sich nun freute oder nicht war aus seiner stummen Mine nicht zu erkennen.
Erleichtert tänzelte Berta nach Hause und fand sich gut dass sie so ehrlich war.

DIE EIERFRAU UND DER RAUCHMELDER

Die Eierfrau kommt immer Freitags gegen 16 Uhr.
Dann stellt sie ihren Verkaufswagen vor die Haustür und läutet bei allen. von denen sie weiß, dass sie was kaufen werden.
Emma hat heute zu viele Eier und macht schnell noch ein paar Pfannkuchen daraus.
Komisch, aus allen anderen Wohnungen riecht es auch lecker nach Pfannkuchen.
Nur im 6.Stock bei Emma geht plötzlich die Sirene an, ach ja es ist der Rauchmelder.
Sie hat mal wieder vergessen dass sie

den Herd angemacht hat und jetzt
das verbrannte Öl
durchs ganze Haus mit schrillem
Läuten sich bemerkbar macht.
Ein Handtuch unter dem Melder
eifrig gewedelt lässt den Ton wieder
verstummen.
Jetzt weiß jeder im Haus dass Emma
Pfannkuchen backen wollte.
Ein Rennen und laufen im
Treppenhaus zeigt an, dass viele
unterwegs zur
Eierfrau sind.
Und ja, es ist besser man verbraucht
die Eier bevor die neuen ankommen,
dann
hat man auch nicht den Ärger mit
dem Rauchmelder.

NOCH EINE RAUCHMELDERGESCHICHTE

Gestern ging ein Rauchmelder bei uns im Haus los und nachdem die Hausmeisterin dort an der Türe geläutet und geklopft hat und keiner aufgemacht hat, ruft die Verwaltung die Feuerwehr.
Die kommt mit zwei Löschzügen....tatü-tata...., einem Sanka und einer Polizei.
Stürmen ins Haus mit Gasmaske, Feuerlöscher, Leiter und so weiter.
Keiner macht auf und sie basteln einen Nachschlüssel mit dem sie aufschließen.
Keiner da, Melder ist von selber losgegangen....das passiert ja ganz schön oft in unserem Haus.
Nachdem wieder Ruhe eingekehrt ist

fahren sie wieder.

Nach einer halben Stunde geht der Rauchmelder schon wieder los und die Feurwehr kommt auch wieder mit tatü, tata und allem drum und dran wie beim ersten mal.

Brechen wieder mit fremdem Schlüssel ein und natürlich nix, kein Toter und kein Feuer....schade.

Und wer zahlt das a

HÖSCHEN VERGESSEN

Montag, neuer Schultag, in einer
Stunde kommt der Bus und holt
die zwei Schwestern ab.
Also schnell in die Kleider,
Schulranzen auf und losgerannt.
Der Bus ist schon halbvoll und weiter
gehts.
Nach einer Stunde im wackeligen Bus
über Fels und Stein kommen sie an
und während sie in ihr Klassenzimmer
rennen
merkt die älteste der Schwestern
Karina dass sie vergessen hat, unter
ihrem Kleid ein Unterhöschen
anzuziehen.
Oh wie peinlich und was soll sie jetzt
tun?

Es ist windig und sie muss ständig ihr Kleidchen festhalten dass es nicht hochfliegt und alle ihre Nacktheit sehen.

Sie weint und will sich verkriechen.

Da hat die andere eine Idee.

"Weißt du was, ich laufe jetzt immer neben dir und passe auf, dass dein Röckchen nicht hoch weht. Und wenn du auf Toilette must

stelle ich mich davor dass niemand reinkommt und etwas bemerkt, denn dann lachen dich die anderen Kinder nur aus."

Wie gesagt ab da sind die beiden Schwestern unzertrennlich und nichts und niemand kann sie trennen.

Zum Glück hat niemand der anderen etwas bemerkt.

DIE FRAU DIE EIN MANN SEIN WOLLTE

Sie war mitten in ihrer Pubertät und wollte keine Frau werden, nein, Frauen mochte sie nicht mit ihren komischen Körpern.
Als ihre Brüste im Umfang nicht mehr zu übersehen waren band sie sich jeden morgen eine elastische Binde
um ihren Brustkorb, ganz eng, sodass sie fast keine Luft mehr bekam.
Als das Freibad wieder geöffnet hatte im Sommer tat sie das gleiche auch unter ihrem Badeanzug.

Sie hatte einen einteiligen
Sportbadeanzug gekauft damit
man die Binde nicht sehen konnte.
Ach ja ihre Haare trug sie auch
mit einem Herrenschnitt, ganz
flott, niemand würde sie
als Frau ansehen.
Ein unbeschwerter Tag begann und
als sie mal ganz nötig für kleine
Mädchen mußte rannte sie schnell
auf die Damen-Toilette.
Kaum dort angekommen packte sie
plötzlich eine Faust von hinten
drehte sie um und sie sah in das
Gesicht des Bademeisters.
"Für Männer ist hinten rechts
!!!""Sie sind wohl ein
Yoyeur" machen sie dass sie
wegkommen oder ich zeig sie an."

Verflixt, das hatte sie nicht erwartet. Mit gesenktem Kopf trottete sie hinter dem Mann her und dachte sich "Blödmann".

DAS BLAUE A

Das blaue A saß alleine zu Hause, die grünenEs, die Eltern mußten beide arbeiten.

Nach zwei Stunden Langeweile wurde das blaue A ganz unglücklich und fing an zu weinen. Plötzlich klopfte es leise ans Fenster und ein leuchtend rotes O schaute gerein, schwebte hin und her und rief:

„Komm raus zu mir ich will mit dir spielen."

Das blaue A überlegte nicht lange zog seine Schuhe an und rannte auf die Straße.

Das rote O schwebte hernieder und das blaue A ergriff den langen Faden der unter dem O herabhing.

„ Ja halte dich gut fest, wir machen eine Reise zu meinem Freund und dann spielen wir zusammen."

Das rote O erhob sich und tanzte mit dem kleinen blauen A in den Himmel hinauf.

Nach einer Weile landeten sie sanft auf einem gelben M dem Mond und das blaue A lief sofort los und jubelte vor Freude. Da traf es ein schwarzes G und fragte:

„Wer bist denn du?"

„Ich, ich bin das schwarze M, der Mann im Mond und ich wohne schon lange hier oben ganz einsam"

Das rote O schaute den beiden eine Weile zu dann ließ es sich zufrieden auf die Erde hinabgleiten.

Sicher warten dort noch viele andere einsame Ms, Ts, Zs, Ps, oder Ys auf die Begegnung mit einem roten O, einem Ooooooh-Luftballon.

SCHNEEWITTCHENS WECHSELJAHRE

Nach vielen Jahren der Freude und des Glücks saß Schneewittchen einmal wieder am reich gedeckten Frühstückstisch ließ sich von der Dienerschaft mit köstlichen Speisen verwöhnen. Als ihr Mann der König ein ernstes Gesicht machte und sagte:

„liebe Frau ich muß dir ein Geständns machen. Unser ganzes Geld ist verbraucht und ab morgen mußt du allesd selbe machen. Unsere Kinder versorgen, kochen, putzen, waschen, einkaufen, den Park in Ordnung halten, also alles das was in einem großen Schloß zu tun ist."

Schneewittchen war inzwischen eine etwas verwöhnte Königin und nicht mehr gewöhnt zu arbeiten. Sie fing an zu weinen, schaute auf die zarte Haut ihrer Hände und schüttelte mit dem Kopf. Nachts wälzte sie sich im Bett hin und her und wünschte sich die alten Zeiten zurück.

In der vierten schlaflosen Nacht klopfte es plötzlich leise an ihre Kammertüre und ein helles Stimmchen fragte:

„Kann ich hereinkommen, ich bin der Zwerg in dessen Bettchen du geschlafen hast damals vor zehn Jahren."

Die Tür öffnete sich, hindurch schlüpfte ein kleiner Kobold und setzte sich zu Schneewittchen aufs Bett.

„Du Arme, wir haben von eurem Unglück gehört und wollen dir helfen, denn damals hast du auch uns erfreut. Wir haben beschlossen, dass wir jeden Tag erscheinen, unsichtbar, und alle schweren Arbeiten für dich erledigen. Nur du kannst uns sehen. Wenn du aber nur ein Wort irgendjemandem über uns erzählst kommen wir nie mehr."

„wunderbar" rief Schneewittchen überglücklich und umarmte den Zwerg.

Am nächsten Morgen stand sie auf, lachte und freute sich und Prinz Ronaldo rieb verwundert seine Augen.

VERLORENE FREIHEIT

Draußen scheint die Wintersonne, im Ofen knistert ein Feuer.

Jetzt wäre ein heißer Kaffee gut um die trübsinnigen Gedanken zu vertreiben. Beim Überbrühen des Pulvers steigt ihm der intensive Duft berauschend in die Nase und löst Erinnerungen aus die er schon meinte weggeschoben, vergessen zu haben.

Jetzt erwartet er sehnsüchtig den Frühling, er wird ihm neue unbekannte Gefühle und Stimmungen bescheren.

Er schaut aus dem Fenster im 6. Stock, sieht das intensiv leuchtende Morgenrot und weiß, dass endlich das schlechte Wetter mit Regen und Sturm vorbei ist.

Nasse Kleidung vom Vortag hängt

noch über dem Ofen. Wasserpfützen haben sich darunter gebildet. Tosende Wellen und wildes Meer schleichen sich in seine Erinnerung. Am liebsten wäre er jetzt auf einer einsamen Insel wie Robinson zusammen mit vielen Büchern. Dann würde er den ganzen Tag nur lesen und träumen bis die dunkle Nacht ihn sanft umhüllt.

Ja er wird wieder zurückgehen. Tauchen und das Beobachten der Fische in dem Korallenriff ist seine Leidenschaft. Saber er traut sich noch nicht auf die Straße. Man wird ihn erkennen und wieder in Fesseln bei Wasser und Brot in den Kerker sperren.

Er schaut immer noch aus dem Fenster. Die Nacht ist vorbei, es ist hell geworden, die Lichter der

Laternen verlöscht.

Unten vor dem Haus steht ein Liebespaar, sie küssen sich. Sein Herz zieht sich schmerzhaft zusammen. Die Erinnerung an Janine droht ihn zu überwältigen. Sein Blut gerät in Wallung und er beißt heftig in seine geballte Faust.

Ein weißes Brautkleid trug sie damals in der Kirche als sie sich ewige Liebe schworen. Er kann sich noch gut an das Liebeslied erinnern dessen Noten er für sie komponierte.

Aber aus und vorbei, nicht weiterdenken, nur nicht mehr daran denken. Er muss sich ablenken in eine andere Richtung.

Und da kommt sie wieder, die Erinnerung an seine Zeit als gefeierter Dirigent. Er lässt sich hineinfallen in den Beifall, den tosenden Jubel.

Es poltert an der Tür, sie wird aufgerissen.

Man hat ihn gefunden.

ÜBERFALL IM STADTPARK

Anna schließt die Tür ihres Buchladens ab und freut sich auf einen ruhigen Feierabend.

Bevor sie den Weg durch den dunklen Stadtpark antritt überfällt sie wwie jeden Abend ein leises Gefühl der Angst und Anspannung. Energisch nimmt sie ihren ganzen Mut zusammen und läuft mit großen Schritten los.

Sie ist so ängstlich weil erst vor drei Monaten eine junge Frau hier überfallen wurde. Der Täter ist noch auf freiem Fuß.

Unruhig blickt sie sich nach jedem Schritt um. Niemand kommt ihr entgegen. Vor ihr läuft ein junger Mann in die gleiche Richtung wie sie. Sie geht etwas schneller und heftet sich ganz dicht an seine Fersen, so wird jeder denken, sie ist nicht alleine.

Da, ganz plötzlich dreht sich der Mann blitzschnell herum und stellt ihr ein Bein.

Mühsam, an allen Gliedern zitternd rafft sich Sanna auf und sieht in das Gesicht ihres Gegenübers. Die Augen einer Frau schauen sie erleichtert an. „Mensch, ich dachte ich werde von einem Mann verfolgt, es tut mir leid. Jetzt wollte ich mal mutig sein und dann trifft es die Falsche."

Nachdem sich die Spannung gelöst hat brechen beide Frauen in ein befreiendes Gelächter aus.

WUNDER IN VENEDIG

Mein Freund und ich frisch verliebt in Venedig mit wenig Geld und großem Hunger.
Wir verirrten uns in ein einheimisches teures Restaurant und lasen auf der Speisekarte viele köstliche Gerichte.
Nun gut, Budget klein, also etwas preiswertes bestellen, aber was. Wir sprachen darüber miteinander und plötzlich mischte sich ein echter Venezianer vom Nebentisch in gebrochenem deutsch ein und meinte wir sollen doch mal von seinen diversen Vorspeisen probieren.
Er reichte kleine Teller mit Kostproben herüber und wir genossen die lieblichen Delikatessen. Eine Sardinenvariation fand ich besonders

lecker.

Nachdem dieser großzügige Venezianer nach vielem Diskutieren über die verschiedensten Speisen sich herzlich verabschiedet und gegangen war kam der Ober und brachte uns noch einen Originalteller mit gerade diesen leckeren Sardinen im Auftrag unseres Nachbarn, dazu eine Flasche herrlichen Weines.

Als wir bezahlen wollten hieß es wunderbarer weise , es ist schon alles erledigt.

Klingt wie ein Märchen ist aber wahr.

FESTHALTEN ODER LOSLASSEN

Es war einmal ein Blatt das merkte plötzlich wie sein Stiel sich ganz langsam von dem Ast löste an dem es angewachsen war.
Es fühlte sich ungewohnt an, es spürte Leichtigkeit, aber es fürchtete sich auch vor dem Unbekannten.
Je mehr der Stiel sich lockerte desto fester klammerte sich das Blatt an den Ast mit dem es noch verbunden war. Es schwankte hin und her und hatte nur noch einen Gedanken, soll ich festhalten oder loslassen?
Da erfasste ein sanfter Wind den Baum, der schüttelte sich ein wenig und das Blatt segelte ganz leicht von selbst herunter

LÜGENGESCHICHTE

Also mir brachte heute früh ein schwarz gekleideter Mann einen Koffer mit 3 Millionen Euro. Es gab eine Bedingung, ich musste das Geld noch am gleichen Tag ausgeben.
So habe ich sofort ein gläsernes Raumschiff geordert, es landete auf meinem Balkon.
Nachdem ich in einen silbernen Overall geschlüpft bin stieg ich ein. Das Schiff erhob sich und schwebte ganz langsam in die Höhe. Höher ... höher ... höher ... und auf einmal war nur noch All um mich, sonst nichts. Ich stieg aus breitete meine Arme wie Flügel und schwebte so dahin, dabei ließ ich den Rest der Geldscheine zu Erde flattern. Ein leichtes Rauschen um die Ohren und

plötzlich ... Einssein mit der Luft,
Einssein mit Allem.

HOCHZEIT AUF DEM MARS

Auf dem Grünen Planeten Mars-Utopia gab es eine große Aufregung. Zum ersten Mal hatte eines der Marsmännchen ein Saturn Weibchen im All kennengelernt und es mitgebracht.

Nun sollte die Hochzeit stattfinden , dazu wollten die anderen Männchen gerne einen weißen Teppich ausrollen und Blumen streuen. Woher aber nehmen.

Auf dem ganzen Planeten gab es keinen Teppich und auch keine Blumen.

Ein Männchen wusste durch Beobachtung genau, dass auf der Erde eine Frau lebte die eine weiße Klorolle mit roten Blümchen besaß. Er hatte also die glorreiche Idee diese bei Nacht und Nebel gegen eine durchsichtige Mars- Rolle auszutauschen.

Schon bald flog er des nachts durch ihr immer offenstehendes Badezimmerfenster, griff sich eine ihrer Klorollen und schwupps landete er damit wieder zu Hause.

Auf dem Planeten regnete es kurz vor der Hochzeit und so waren die roten Blumen auf dem Klo-Papier Teppich ein paar Zentimeter gewachsen. Die Hochzeitsgäste die nicht aufpassten hinter dem Brautpaar stolperten wild durcheinander und konnten sich kaum auf den kleinen dünnen Beinchen halten.

Diese einmalige lustige Hochzeit sprach sich auf allen Planeten im ganzen All herum, sogar bei der

Erdenfrau, der die Klorolle gestohlen wurde.

Sie hat die ausgetauschte durchsichtige Mars- Rolle am nächsten Morgen misstrauisch betrachtet und sich gefragt, welcher von ihren Freundinnen sie diesen Streich nun wieder zu verdanken hatte.

DER TREUETEST

Annes erwacht langsam. Das erste
was sie wahrnimmt ist der schale
Geschmack in ihrem Mund. Dunkel
erinnert sie sich an das nicht
einschlafen können.
Als sie langsam die Augen öffnet,
sich suchend umblickt stellt sie
erschrocken fest, dass ihr die
Umgebung fremd ist, nur der Rock
und das Shirt liegen fein säuberlich
wie auch zu Hause über einem Stuhl,
abgelegt wie jeden Abend. Sie
schließt wieder die Augen und
fragmentweise tauchen kurze
Erinnerungssequenzen auf. Das
Läuten des Telefons, die Flasche
Champagner, die Erdbeeren, der
Tisch, die Stiefel und der herbe Duft
des Rasierwassers kommen ihr wieder

in den Sinn, doch was war wirklich geschehen?

Plötzlich dringen Geräusche wie aus einem Badezimmer an ihr Ohr, Gurgeln und Wassergeplätscher. Flucht, ist der einzige Gedanke der ihr in den Kopf schießt.

Sie hat ihren Mann betrogen. Der wird jetzt schon auf sie warten. Warum hat sie sich auch auf ein unbekanntes Abenteuer eingelassen und sich mit ihrer Chatbekanntschaft getroffen, einem attraktiven Mann mit vollem Haar und schwarzem Vollbart, sie liebte Bärte.

Der hatte sie wohl in einem dunklen, schummerigen Lokal mit einem raffiniert schmeckenden Erdbeer - Cocktail und Champagner in Strömen betrunken gemacht. Das musste es sein. Sonst wäre sie doch nie

mitgegangen in eine fremde Wohnung.
Anne springt aus dem Bett, zieht
hastig ihre Kleider wieder an und
schleicht zittern zur Tür. Dabei
stellt sie fest, dass sie sich in einem
Hotelzimmer befindet.
Gerade will sie die Klinke drücken, als
mit einem Hechtsprung der Mann
nackt auf sie zugestürmt kommt und
sie am Rock herumreisst.
„du entkommst mir nicht nach dieser
schönen Nacht! „
flüstert er heiser.
Sie stutzt, irgendetwas kommt ihr
bekannt vor. Ja,jetzt sieht sie es, ein
Piercing am oberen Lippenbändchen,
so eines hatte nur ihr Mann Peter.
Es fällt ihr wie Schuppen von den
Augen und sie packt seine schwarze
Mähne, reißt daran und hat einen fast
kahl- köpfigen, lachenden Ehemann

vor sich stehen.

„Na jetzt hab ich dich erwischt, den Treuetest hast du verloren! „

CORONA-STUHLFESTIVAL

Wegen Corona fällt das diesjährige
Volksfest aus zum Leidwesen der
Bevölkerung.
Als Ersatz hat die Stadt ein
Stuhlfestivall initiiert.
Vergessene Stühle die im Keller oder
dem Speicher ihr Leben fristeten
wurden hervorgeholt,
geputzt eventuell noch bunt angemalt
und auf die Straße gestellt mitten in
die Bevölkerung.
Ach, endlich mal den müden Hintern
absetzen mit einem Eis oder einem
Buch und die anderen beobachten,
wie sie schwitzend vorbeihasten.
Ich setze mich also auch auf einen
kostenlosen Stuhl, stelle meinen
Einkaufskorb vor mich auf den Boden
und lasse meine Blicke interessiert

herumschweifen....dabei summe ich
fröhlich ein paar Töne in die Luft.
Und da...plötzlich, ein alter vornehm
gekleideter Herr bleibt vor mir
stehen, zückt umständlich seine
Brieftasche
und legt mir einen kleinen Schein in
meinen Korb.
"nur weiter so junge Frau" seine
Worte und weg ist er.
Leider hat dies kein anderer mehr
nachgemacht.

DIE LIEBE IST EIN LUFTBALLON

Die Liebe ist wie ein Luftballon, ich muss das wissen .

Ist man verliebt fühlt man sich prall aufgeblasen voller Energie .....Luft ....
tänzelnd hin und her schwebend ....
Leicht, abgehoben, aber auch sehr verletzlich.

Ist die Liebe aus fühlt es sich an, als hätte ein Messer in den schönen prallen Ballon gestoßen.

ZACK !!!!!

Die Luft entweicht.. ..blitzschnell.. ..der Ballon sinkt herab ....

in Fetzen..... ohne Energie.

LEER!!!

Ich fühle mich manchmal wie ein Luftballon der sich an einem Messer verletzt hat, leer, ausgebrannt in Fetzen am Boden.

ROHE GEDANKEN

Die Welt verroht immer mehr, jeder
denkt nur an sich, es wird kalt unter
den Menschen, rohe Gewalt, rohe
Sitten, keine Wärme.
Warum ist das so?
Was kann ich dagegen tun?
Nichts, alleine kann ich nichts tun
niemand macht mit.
Vielleicht sollte Frau mal
demonstrieren, auf die Straße gehen.
Niemand traut sich oder alle sind zu
bequem. Zu Hause hinterm Ofen ist
es viel schöner, nur nichts sehen, die
Augen schließen, nur an sich selber
denken.
Was soll das ?
Na ja, so ist die Welt.
Warum fange ich nicht an?

Auch zu bequem, lauter Ausreden. Ausreden gibt es genug, der innere Schweinehund ist stark, gewinnt meistens

Wenn ich so bequem bin , warum
erwarte ich dann von anderen anders
zu sein als ich?

Rohe Eier, Menschen sind auch wie
rohe Eier, natürlich nicht jeder aber
viele.

Ich bin auch ein rohes Ei.

Bin schon ein paar Mal in kochendes
Wasser gesprungen, hinein getaucht
oder hab nur einen Finger
hineingesteckt, nur einen Teil von
mir. Es hat nichts genützt. Das
Wasser hat Teile von mir verbrannt,
sie sind immer wieder geheilt,
zusammengewachsen als ob nie etwas
stattgefunden hat in mir, als ob nie
jemand mich gekränkt, verletzt hat.

Immer wieder werde ich ein rohes Ei,
warum ist das so?

Ob ich es jemals schaffe, ein hartes
Ei zu werden?

Ich glaube nicht.

Ist es vielleicht erstrebenswert, ein rohes Ei zu bleiben?

ROTZ

Rotz ist kein angenehmes Wort und manche Menschen zucken beim Hören dieses Wortes erst einmal zusammen. Rotz ist etwas sehr Natürliches, jeder hat ihn in der Nase

Aussehen tut er ja nicht sehr erfreulich, für manche Menschen ist er sogar ekelig.

Wenn ich auf die Straße gehe und nach unten auf den Boden schaue, sehe ich viel Rotz herumliegen und versuche dann, möglichst nicht hineinzutreten. Manche Menschen tun dies kräftig weil sie ihn nicht sehen, dann bringen sie den Rotz an ihren Schuhen in die Wohnung auf den Teppich, ins Bad und überall hin. Deshalb ziehe ich immer meine Schuhe aus, sobald ich meine

Wohnung betreten habe. Rotz in der Nase getrocknet nennt man Popel, diese schmecken einigen ganz gut, mir leider auch. In der Nase bohren kann ganz schnell zur Gewohnheit

werden und man muss aufpassen, dass man dies nicht in Gegenwart anderer tut. Das macht dann keinen guten Eindruck. Rotz ist eine natürliche Körperflüssigkeit und schon deshalb nichts Ekliges.

Den eigenen erträgt und akzeptiert man ja noch, aber fremder Rotz, na ja ist nicht unbedingt liebenswert. Manche Menschen sind rotzfrech. Wieso gibt es das Wort eigentlich, wieso ist rotz frech, versteh ich nicht. Oft werden Worte einfach so übernommen, man verwendet sie ohne großartig darüber nachzudenken. .Es kann sehr interessant sein, über bestimmte Begriffe zu sinnieren, woher sie stammen oder wodurch sie entstanden sind. Bei Kindern läuft der Rotz manchmal einfach aus der Nase direkt in den Mund und es scheint ihnen zu schmecken.

Nase putzen ist für kleine Kinder gar nicht so leicht. Ich erinnere mich noch an meine eigenen:

„du musst mit der Nase pusten, nicht hochziehen, pusten,"

und ich machte es ihnen dabei eifrig vor.

Inzwischen hat die Wissenschaft festgestellt, dass für Kinder hochziehen allemal gesünder ist als pusten.

Ein freundliches Wort noch zum Schluss für Rotz: Schnupfen, klingt allemal schöner. Wiederum ist das, was Mensch aus seinem tiefsten tiefen hervorkrächzt: ROTZ.

NACHBARSCHAFTSHILFE

Sie ist älter. so kurz vor 80 und
wohnt alleine im 6. Stock .
Neben und gegenüber ihr gibt es
noch 3 einsame Bewohner, zwei davon
sind blind.
Ein Blinder ist noch jünger und hat
eine ältere Lebensgefährtin, sein
Augenersatz.
Der andere Blinde lebt alleine so wie
sie, ein paar Jährchen jünger.
Er will keine Hilfe.
Geht noch alleine mit großen Taschen
zum Einkaufen.
Heute und die nächsten sieben
Wochen muss er auch zu Fuß die
Treppen steigen, der

Aufzug wird erneuert und überall liegt Dreck und seine verschlissenen Glieder.

Die Menschen schnaufen und schimpfen sich durchs halb finstere Treppenhaus.

Einer hat eine Menge handgeschriebene Zettel an die Geländer gehängt.

"nicht anfassen, der Aufzug geht nicht !!"

Ein anderer hat all diese Zettel wieder abgerissen und in die Gegend geworfen.

Wer hebt sie auf?

Muss die arme Putzfee tun wenn sie denn mal auftaucht.

Und jetzt geht es ja um den alten blinden Mann.

Gestern Abend schnuppert sie einen merkwürdigen verbrannten und verschmorten Geruch in der Nase.

Schnell in jedem Zimmer geschaut ob es da brennt.

Nein, bei ihr ist alles in Ordnung.

Sie geht ihrer Nase nach durch die Haustür ins Treppenhaus…...ja dort ist es...

Sie schleicht sich vorwärts .

Sie landet vor der Wohnungstür des alten

Blinden.

Der hat mal wieder gekocht, hat sich keine kalte Wurst-Käse-Packung geöffnet.

Und ob er jetzt zwischen Rauchschwaden schleicht?

Sie traut sich nicht zu läuten und zu fragen, er ist immer so grummelig und laut.

Aber sie beobachtet den Tatort.
Schleicht immer wieder ins
Treppenhaus vor seine Türe und
schnuppert.
ENDLICH die Luft ist rein sie kann
beruhigt ihre Tür abschließen und ins
Bettchen fallen.

GEWITTERANGST

Es grummelt bedrohlich am Himmel,
ein Gewitter kündigt sich an.
Sie ist Mutter von 4 Kindern und hat
Angst .
Ab und zu blitzt es und lange danach
ein leiser Donner.
Zeit sich ihrer Angst zu stellen und
in den Keller zu laufen, da ist sie
sicher.
Die Kinder lachen ihre Mutter aus,
sie sind das schon gewohnt von ihr
und der
Vater kann es sich nicht verkneifen
zu fragen ob sie sich unter den
Kohlen
verbirgt.
Im Keller ist es dunkel, ein großer
Berg Kartoffeln dümpelt vor sich hin
mit langen Keimen.

Daneben ein Haufen Briketts und Koks.

Sie hockt sich in die Mitte und legt ihren Kopf in den Schoß, kneift die Augen zu und

wartet zitternd auf die ersten Donnerstöße.

Bei jedem Knall klopft ihr armes Herz ganz fürchterlich.

Endlich, es kommt ihr vor wie eine Ewigkeit, ist Ruhe.

Sie weiß, was sie oben empfängt, alle lachen laut und langsam entspannt sich ihr zitternder Körper.

Die nächste Zeit hat sie das sagen, wie üblich und alle müssen nach ihrer Pfeife tanzen.

FLUGTURBULENZEN

Sie ist neun und sitzt im
Propellerflugzeug von Kapstadt nach
Amsterdam neben einem älteren
Herrn,
ganz ohne einen Menschen den sie
kennt.
Sie war 2 Jahre in Süd-Afrika bei
ihrer Tante und jetzt soll sie wieder
zur Mutter.
Die Stewardess bringt ihr eine
Ausschneide-Anziehpuppe gegen
Langeweile.
Doch langweilig wird es ihr nicht, sie
ist ja noch nie geflogen in so einem
Ungeheuer.
Vor ihr am Sitz hängt eine weiße
Tüte. Wozu die wohl da
ist? Vielleicht taugt sie als Ablage

für ihre Schnipsel. Sie stopft Schere
und Anziehpuppenkleider hinein.
Oh nein schreit die Stewardess das
ist eine Kotz-Tüte, die nimmt man
wenn es einem schlecht ist
zum übergeben.
Zum Übergeben denkt sich die
Kleine ?
Zum kotzen betont die freundliche
Stewardess.
Und plötzlich ein Surren, die
Maschine ruckelt und schwebt auf
und ab.
Muss sie auch noch einen Looping
veranstalten?
Das kleine Mädchen steht Kopf und
alle anderen auch.
Dann geht das Kotzen los.
Viele brauchen jetzt ihre weißen
Tüten vom Vordersitz.

Sie auch...nun weiß sie genau was das ist.

Blass sitzt die Kleine in ihrem Sitz, gut dass sie angeschnallt war.

Bei ihrem nächsten Flug ist sie 35 und hat nur ein kleines Bißchen Angst. Die Maschine hat ja auch keine Propeller zum fliegen.

VERLIEBT

Mein Freund kommt zu Besuch.
Es ist Weihnachten und das
verbrachte ich immer bei meinen
Eltern in Bayern, weit weg von
meinem Wohnort.
Ich bin schon da und erwarte schwer
verliebt meinen Verlobten.
Es gastiert gerade ein Volksfest. Wir
haben kein Geld um es zu
besuchen aber wir haben eine Idee.
Als alles dunkel ist, die bunten
Lichter erloschen, schleichen wir
durch die menschenleeren Gassen,
vorbei an Buden und gespenstisch
aussschauenden Figuren.
Da, ein Kinderkarussel mit Pferden,
Eisenbahn und weißen Schwänen
in die man sich hineinsetzen kann und
dann fliegen in hohe Lüfte.

Wir steigen in einen Schwan und setzen uns auf die kleinen Bänke.

Und schmusen, küssen, genießen das
Alleinsein.
Doch dieses nimmt ein abruptes
Ende, eine barsche Männerstimme
reißt uns aus der Glückseligkeit.

"Macht das ihr wegkommt, blödes
Pack, bei drei rufe ich die Polizei".

Bedröppelt mit hängenden Köpfen
schleichen wir davon.

DIE SCHÖNSTE ZEIT MEINES LEBENS

Wir haben alle von James Dean geschwärmt, Musik gehört von Peter Kraus und Conny Froboes.
Dazu auf Parties Rock'n Roll getanzt von Elvis und Blues von Chris Barber.
Ich besaß ein paar selbstgenähte Petticoats die prall gestärkt abstanden und meine schönen Beine richtig zur Geltung brachten. Wenn die Stärke nicht ausreichte wurden biegsame Plastikstangen in den Saum gezogen.
In den Wirtschaften befand sich fast überall eine Jukebox und man konnte mit wenig Geldeinwurf die neuesten Singlplatten abrufen.
Wenn ich mal auf eine Partie wollte musste ich meinen Eltern immer

etwas vorlügen. Besuch bei Freundin u.ä...

Sie waren sehr streng und gaben mir nur wenig Freiraum.

Einmal schickten sie mir meine beiden kleinen Brüder hinterher, die mich durch ein Kellerfenster auf einer solchen entdeckten.

Mein Vater holte mich dort heraus und es gab eine Ohrfeige und Stubenarrest.

Abends wenn meine Eltern dachten ich schliefe, kletterte ich dann heimlich aus dem Fenster und traf mich mit meinen Freunden.

Allerdings verliefen diese Treffen ganz harmlos, mehr als Küsschen gab es damals nicht.

Mein Vater besaß ein schnittiges altes DKW Cabrio mit Speichenrädern. Später dann einen

„Leukoplastbomber", einen Lloyd aus Sperrholz mit Plastiküberzug. Eigentlich im Nachhinein war es die schönste, unbeschwerteste Zeit in meinem Leben trotz außerordentlich strenger Eltern.

UND EINE WENIGER SCHÖNE ZEIT

Kleidung hatte ich als Kind immer wenig....oft von anderen getragenes zum Beispiel eine uralte Fischgrät - Jacke von einem Mann an die ein Pelz unten angenäht und so zu einem Mantel wurde. Den trug ich mit 12 Jahren.

Wenn es kalt war musste ich zur Schule unter meinem Rock eine alte Trainingshose tragen, die zog ich dann im Treppenhaus heimlich wieder aus.

Im Alter von circa 16 Jahren nähte ich mir viele Kleider selber aus schönen billigen Stoffen, immer auch ein Täschchen mit Schlaufe aus dem gleichen Muster. Beim tanzen war das ganz praktisch an den Arm zu hängen.

Schon in Süd-Afrika wo ich als Kind 2 Jahre lebte, musste ich scheußliche selbstgenähte Kleider anziehen. Wenn ich heute daran denke waren sie eigentlich ganz schön.

Einmal wollte ich von zu Hause weglaufen, da ich für meine Begriffe viel zu streng behandelt wurde von meinen Eltern. Hatte mir in meinen Schulranzen alles Mögliche zum „Überleben" eingepackt statt der Schulbücher und ein paar Mark Taschengeld.

Dann bekam ich aber Schiss und bin doch wieder nach Hause zurückgekehrt.

ICH WÄRE GERNE EIN APFELBAUM

Ich möchte so wachsen wie es mir gefällt, den Wind durch meine vielen Blätter rauschen lassen, mich sanft hin und her wiegen dabei und den Vögeln lauschen, die sich hoffentlich auf meine Zweige setzen.
Meine Äpfel sollten nicht grün und unreif gepflückt werden, erst wenn sie dick und rotbackig sind.
Mein Nutzen für die Menschen und Haustiere ist der Schatten den ich ihnen spende an warm heißen Sonnentagen. Vielleicht legt sich ja einer meiner Menschen unter mich in einen Liegestuhl oder auf eine Decke und liest ein Buch oder genießt die Ruhe, dann würde ich mich so richtig wohlfühlen.

DEMENZ

Schreckgespenst im Alter.
Nicht jeder ist davon betroffen aber niemand weiß das vorher.
Die letzten 12 Jahre meines Berufslebens habe ich in einem Altersheim gearbeitet und kenne mich mit den Auswirkungen von Demenz und Alzheimer ganz gut aus. Es gibt nichts bedrückenderes als wenn ein geliebter Mensch seine nächsten Angehörigen (wie Kinder, Ehepartner) nicht mehr erkennt im Endstadium. Ganz schlimm ist es für die Demenzbetroffenen am Beginn der Erkrankung wenn sie ihr Nachlassen selber bemerken und nichts dagegen tun können, hilflos ausgeliefert sind, dann kann manchmal als letzter Ausweg ein

Suizid gewählt werden wie bei Gunter Sachs.

Da ich durch Erfahrung sehr sensibel auf die beginnenden Symptome achte, habe ich bei mir und Menschen die ich kenne sehr wahrscheinlich übertriebene Angst vor dieser Krankheit. Viele wissen nicht wie sie sich dementen Menschen gegenüber verhalten sollen.

Am leichtesten geht man als Mit-betroffener oder Angehöriger ganz liebevoll und gelassen mit ihnen um, auch wenn sie nicht mehr alles verstehen können.

Die Liebe und ehrlich gemeinte Zuwendung der anderen kommen sehr wohl bei ihnen an, auch liebevolles Streicheln und in den Arm nehmen. Das ist wie bei einem Menschen der im Koma liegt und man meint er kann nichts mehr wahrnehmen. Dem ist aber nicht so und es ist daher auch dort wichtig, immer liebe- und respektvoll mit diesen Menschen umzugehen und zu ihnen zu sprechen. Aggressivität löst Aggressivität aus, Liebe erzeugt Liebe. Wenn man das einmal weiß ist der Umgang mit Demenz und Alzheimer ein Leichtes, es kann sogar sehr fröhlich und friedlich sein.

NICHT SUCHEN, LOSLASSEN UND EINFACH FINDEN

...und wanderte ich oft im finsteren Tal auf der Suche ... mal dies, mal das ... aber immer glaubend, das ist jetzt wichtig, das muss ich finden.
Irgendwann gebe ich auf ... resigniere ... lass los ... und siehe da ... es kommt angeflogen ... das was ich suchte ... oder sogar noch mehr als ich wollte ... und vergessen ist der mühsame Weg.

Was ist schon die ganze fast übernatürliche Kraftanstrengung einer Geburt ...vorher die Ängste ... schaff ich das ... wie schön wäre es doch mein Kind könnte für immer in meinem Bauch bleiben.
Schaffe ich das große unbekannte Ereignis und danach die

Verantwortung für den neuen
Menschen? Einsame Gedanken einer
Mutter in den letzten Tagen vorm
großen Herauskommen. ... abnabeln ...
entlassen ... loslassen.
Und dann ... ein arg schmerzhaftes
Ereignis zieht mich in seinen Bann ...
kein Nachdenken ... nur noch ein sich
Hingeben an die Naturgewalt, die
mich überrollt ... überrollt ...
überrollt ... ich kämpfe ... ich stöhne
... ich muss immer weiter machen ...
nur nicht nachlassen ... ich kann nicht
mehr zurück ... vorwärts ... immer
weiter ... ich habs geschafft ... ich
habs tatsächlich geschafft ... ein
riesengroßes Glücksgefühl überfällt
mich ... ein großer Friede ... ich habs
vollbracht ... unbeschreiblich ...
weggeblasen der vorangegangene
Sturm ... die übergroße Anstrengung

... der Schmerz ... ich habe
losgelassen ... und eine neue Aufgabe
wartet auf mich ... eine wunderbare
unbekannte Aufgabe.

UMZUG

In der alten Behausung sind die
letzten Bücher in der Kiste, die
Dübellöcher mit Mörtel gestopft und
ich habe, einen See voller Tränen
hinterlassend , frei und fröhlich mit
schmerzenden Haxen bei Nacht und
Nebel das Feld geräumt für meine
Nachfolgerin.
Jetzt sitze ich hier in meiner neuen
Wohnung bei einem Gläschen Sekt,
lese ein kluges Journal und träume
einen Traum von einem Häuschen am
Meer. Solche und auch leichtere
Umzüge begleiteten mein Leben.
Ob ich jetzt endlich Ruhe finde, so
ganz ohne Mann Kinder und Haus ?
Ich weiß es nicht. Sicher habe ich
noch etwas von einer Zigeunerin in
mir, ständig weiterziehend, immer

wieder voller Hoffnung und
Lebensfreude.

ALT WERDEN

Wer will schon alt werden?
Das Alter ist ja keine so einfache
Sache. Man kann sich bewusst darauf
einlassen oder davonlaufen,
verdrängen.
Oft fühlt sich der Geist, das Herz,
die Seele ganz jung an. Wir denken
auch ganz jung, verspielt und so wie
in unserer besten Zeit.
Was ist aber die beste Zeit?
Die die wir schon in verklärter
Schönheit hinter uns haben oder die,
die gerade ansteht?
Vielleicht kommt noch etwas
Wunderbares, Unbekanntes?
Was unweigerlich kommt das ist der
Tag an dem dein wahres Alter dich an
deinen Körper erinnert, so wie er
gerade ist, nicht so wie er früher

war.

Dann zwickt es oben, unten, in der Mitte und wir fühlen uns ganz alt und nehmen und vor, ein bisschen sorgsamer und liebevoller mit ihm umzugehen. Ihm mehr Ruhephasen zu gönnen, ihn zu lieben und anzunehmen, so wie er jetzt ist.

Zum Glück werden wir nicht hineingeworfen in unser Alter so wie ein lebender Hummer ins heiße Wasser.

Ganz langsam und in winzigen Schritten schleichen wir von Stufe zu Stufe.

Da wir das nicht alleine tun sondern unsere Freunde und Bekannten an unserer Seite auch, fällt es gar nicht auf.

Das Schönste aber am Alter finde ich die gewachsene Einsicht und

Gelassenheit, dass ich mich nicht mehr bemühen und anstrengen muss um etwas zu erreichen, sondern dass ganz von alleine alles das zu mir kommt, was ich brauche und mir gut tut, auch wenn es im ersten Moment nicht so aussieht.

NACHGEDANKEN

Statt gesetzt und „gediegen" komme
ich im hohen Alter von 80 Jahren
immer noch und immer mehr
ausgeflippt daher....
zu spüren...ich lebe, ich habe einen
wunderbaren Körper der heute
überall schmerzt.
Die Schmerzen vergehen, das weiß
ich und bleiben wird
eine Gewissheit,
immer weitergehen zu können und
Freude in der Natur zu erleben...
sie zu spüren
mit allen Sinnen...
Kraft zu tanken und diese
mitzunehmen in den Alltag.

NOCH ETWAS ÜBER MICH

Das Licht der Welt erblickte ich 1941 in Erfurt, eine wunderschöne Stadt in Thüringen.

Seit meinem vierten Lebensjahr wurde ich immer wieder in diverse Kinderheime und mit sieben Jahren nach Süd-Afrika verschoben. Seither fühle ich mich irgendwie als Zigeunerin.

Das Schicksaal ließ mich unruhig von einem Ort zum anderen ziehen…teilweise selbstbestimmt…meistens ohne dass ich es wollte.

Jetzt bin ich inzwischen Großmutter oder einfach „Oma" mit drei Enkeln, Jascha 27, Christoph 23 und Lennox 4 Jahre jung.

Meine Heimat ist schon seit 52 Jahren und wird es auch immer bleiben, Rosenheim, eine gemütliche kleine Stadt in Oberbayern.

ENDE